死んだらわかるけど、それでは遅い

北谷真雄
Kitatani Sadao

光言社

はじめに

私は先祖や霊界を身近に感じる環境で育ちました。私が五歳の時に、父親が交通事故に遭い、瀕死《ひんし》の状態になり、それをきっかけに、母親が突然、霊界に通じるようになったのです。その後、母は〝神様〟から様々な教示を受けながら人助けをするようになりました。そして自宅を教会（神道）にしたのです。

そんな家庭環境であったので、幼いときから、いつも神様が見守り、導いてくださっていることを確信していました。それでも、霊界はどのような所なのか、その仕組みはどうなっているのか、分からないこともありました。

私が大学生のとき、突然、姉が世界基督《キリスト》教統一神霊協会（現在の世界平和統一家庭連合＝家庭連合）に入りたいと言いだしました。神様はそちらのほうに行くことを願っているというのです。私は、父が助けられ、いつも見守って導いてくださっている神道の〝神様〟に恩を強く感じていたので、姉の行為が恩を仇《あだ》で返すように思え、猛反対しました。

ところがそれから七年後、不思議な夢を見たり、母を通じて霊界から家庭連合の素晴らしさを教えられたりして、私も家庭連合の信仰を持つようになったのです。

家庭連合の教えである「統一原理」を学んで、霊界と地上界の関係や、先祖の罪の清算の方法、宗教の根本的な目的など、それまで漠然としか分からず、疑問に思っていた内容が整理されました。

その後も、霊界に通じた母を通して、神様と先祖の願い、家庭連合の素晴らしさなど、多くのことを教えられました。母を通して伝えられる言葉は、私の信仰を強くし、確信を与えてくれています。

本書では、これまで私が実際に体験したこと、母を通じて霊界から伝えられた内容を、そのままお伝えしたいと思います。霊界が存在していること、私たちの生活には霊界からの働きが強くあることを、身近に感じていただけたらと思います。

二〇一七年十一月

著者

目次

3 「神様はいつも見ているよ」

4 姉に導かれて家庭連合へ

5 祝福は天国への切符

6 「死んだらわかるけど、それでは遅い」

❶ 目に見えない霊界の作用

結婚は人生の墓場？

私たちは皆、幸せになりたいと願っています。幸せになりたいと思って結婚します。ですから、結婚する人には「おめでとう！」とお祝いするのです。

ところが、結婚するときには幸せになると思っているのですが、結婚した後はどうでしょうか。もちろん、幸せになるために努力しているでしょう。努力することは絶対に必要ですし、重要なことです。しかし、努力してもどうにもならないこともあります。

私が大阪で初めて講演をしたときのことです。話の流れでたまたま、「結婚は人生の？」と言ってしまったのです。そうしたら、関西の人はノリが良くて、すぐに「墓場！」と答えたのです。「結婚は人生の墓場だ」というのです。

誰もが幸せになりたいと思って結婚したはずなのに、そう言うのです。それを言われた瞬間、私はドキッとしました。「墓場」ということは、「幸せではない」ということでしょう。

私はその後、日本中で講演をするようになったのですが、各地でこのことを尋ねてみました。本当に皆、結婚を人生の墓場だと思っているのかどうか、確かめたくなったのです。北海道から九州まで回って、講演の中で聞いてみました。「結婚は人生の？」、そこまで言うと、決まって「墓場！」と答えるのです。答えはみな同じでした。

では、沖縄はどうだったでしょうか。沖縄はかなり距離が離れていますし、文化的な背景の違いもあるでしょうから、もしかしたら少し違うのではないかと、その反応に興味がありました。しかし、結果は同じでした。やはり「墓場！」と答えるのです。

沖縄での講演会が終了した後、一人の婦人が、私のもとにやってきました。皆と一緒になって「結婚は人生の墓場」と言っていた方です。

「先生は日本中を回っているそうですね。私の息子は四十歳近くなるのに独身なんです。結婚してもらいたいのですが、何とかならないでしょうか？」と言うのです。私が「さっき、結婚は人生の何だとおっしゃってましたっけ？」と尋ねると、「それはそれ、これはこれですよ」と言うのです。

このように、日本中、誰もが幸せな結婚生活を願いながら、幸せになれていませんでした。誰もが、幸せになりたくて努力しているはずです。不幸になろうとしている人はいないはずです。幸せになりたくて努力しているのに、そのようになれていない現実を目の当たりにしました。

運が良い、悪い？

そんな現実を目の当たりにして、私は見えない原因について深く考えさせられました。見えない原因というのは、先祖たち、霊界の人たちの影響があるということです。私たちの先祖が、夫婦として一つになれなかった問題、親子が一つになれなかった問題、兄弟が一つになれなかった問題、嫁姑《しゅうとめ》が一つになれなかった問題など、越えられなかったすべての問題が、結婚した夫婦、家庭に起きてくるのです。そのために、幸せになりたいと願いながらも、なれていないのです。そのことを、ものすごく実感しました。

病院に行くと、必ず医者から聞かれることがあります。

一つは、具体的な生活に関することです。酒やたばこをのむか、睡眠はどうか、運動はしているか、どのような食事をし、どのような習慣で生活しているのか、などです。そういうことを聞いた上で、病気になった原因を探り、治療方法や生活の中で改善すべきことを指導するのです。

もう一つの質問があります。「ご両親やおじいさん、おばあさん、あるいは兄弟姉妹の中に同じ病気になった人はいませんか?」というものです。遺伝的、血統的な要因という側面から病気を考えるわけです。

私には持病があるのですが、実際、私の父も同じ病気でしたから、遺伝とか血統的なものによる影響も無視できないと言えます。

このように、自分の努力の足りなさと、先祖からの影響、二つが重なって病気が現れると理解するわけです。

ところで、先祖の影響を受けて悪くなるだけではありません。反対に、先祖の影響を受けて良くなることもあります。良いことも、自分の努力だけでなく、先祖の影響によって起こるのです。仕事や事業もそうです。

一九八〇年代から九〇年代にかけて、テレビ朝日系の番組「モーニングショー」の中に、「宮尾すすむのああ日本の社長」という人気コーナーがありました。タレントの宮尾すすむ（故人）が日本各地の会社の社長に密着取材をし、成功の秘訣《ひけつ》などを聞き出すというものです。

成功している社長たちに共通していたのは、必ず努力していたということでした。もちろん、努力したからといって必ずしも成功するとは限りませんが、成功した人は必ず努力しているというのです。

そして、もう一つの成功の要因として、「運が良い」というのです。成功した社長たちは決まって、「運が良かった」と言ったのです。

彼らが言う、「運が良い」というのは、「良い人と出会った」という意味です。成功する人は必ず、良い出会いをしているのです。

偶然出会った人によって救われた、助けられたというのです。また、自分が努力することによって良い人と出会ったとも言えます。

一方で、悪い出会いもあります。仕事でだまされたりするのは、悪い出会いです。仕事においても、自分の努力を超えて、目に見えない、運の良し悪しがあるということは、誰もが体験して知っているのではないでしょうか。

子供の受験も同じです。必ずこの大学は合格する、この高校は受かる、この中学は受かると、学校の先生が太鼓判を押したとしても、試験の当日、試験会場に行く途中で交通事故に遭うなど、普段は起こり得ないようなことが起こったりすることがあります。また、普通だったら解ける問題なのに、そのときだけ頭が真っ白になって答えられなくなってしまうということもあります。これは、自分の実力の問題だけではない、もう一つの目に見えないものが影響を与えているということなのです。

このように、すべての結果には目に見える原因と、目に見えない原因があるのです。目に見える原因というのは、自分が努力しているかいないかということですが、目に見えない原因というのは、実は霊界の働き、作用なのです。善霊や悪霊の作用ということになります。

善霊が作用したときには、努力した以上に事業が大きく成功したり、実力以上の結果を生み出したりします。悪霊が作用したときには、普段はすぐに出てくる答えが出てこなくなることもあります。逆に、善霊が協助すると、忘れていたことを思い出すこともあるのです。

このような善霊や悪霊が引き起こす現象を、「運が良かった」、あるいは「運が悪かった」と表現しているのです。

❷ 父の事故をきっかけに母が霊通

父の交通事故

実は、私は幼少の頃から先祖や霊界をとても身近に感じてきました。父親の交通事故をきっかけに、私の母親が霊界に通じるようになったのです。私の五歳の時です。母は〝神様〟（霊）から指導を受けて自宅を教会（神道）にし、家族がみな宗教的生活をするようになったのです。

父親の事故のいきさつはこうです。

母をオートバイに乗せて買い物に送って行ったのですが、母の買い物の時間が長いので、いったん家に帰ることにしたのです。その途中でダンプカーとぶつかったのです。

私はまだ小さかったので、いつも父親と母親の間に座って買い物などにも一緒に行っていたのですが、その日は母親に「だめ」と言われて、一緒に行かなかったのです。それで家の前にあった神社の境内で遊んでいました。そこに叔父（父の弟）がやってきて、「お父さんが事故に遭ったから、早く病院に行こう」と言うのです。

病院で見た父の姿は悲惨でした。包帯が頭のてっぺんからつま先までぐるぐるに巻かれていました。その包帯が真っ赤に染まっているのです。その光景は、今でも忘れることができません。

医者の説明では、顔の皮膚がめくれ上がり、そこにたくさんの小石がめり込んでいる、鼻も取れているというのです。左腕は後ろ向きにひっくり返っており、右足は体の中にめり込んでいました。医者はどうせ助からないだろう思っていましたから、応急処置として、顔の中にめり込んだ石の中の大きなものだけを取り除いて縫合しただけでした。

医者は「今夜で、だめでしょう。親族を呼んでください」と言ったのです。事故の知らせを受けて、その夜、親族が続々と集まってきました。

奇跡的に快復した父

ところが、その時、母に霊が入ったのです。母に霊が入るのを見たのは、その時が初めてでした。その時は、母に入った霊を〝神様〟だと思っていました。

驚いたことに、その〝神様〟は、医者が横で「今夜で、だめだ」と言っているにもかかわらず、母を通して、**「今からこの体を調べてみる。一週間調べてみて、自分のことが自分でできないようだったら、霊界に連れて行く。しかし、調べてみて、自分のことを自分でできるまでに快復する可能性があるようだったら、霊界から引き戻してくる」**と言ったのです。

私の横にいたおじさんは、母の言葉を聞いて、「狂った！」と言いました。母がショックのあまり気が狂ってしまったと思ったのです。私も「あ、狂ったんか」と思いました。ところが、医者が「今夜で、だめだ」と言ったにもかかわらず、父はその夜、持ちこたえたのです。そして一週間後に意識が戻りました。母に入った〝神様〟の言葉のとおりになったのです。奇跡が起こったのです。

しかし、命を取り留めたものの、父の顔は、まるで〝フランケンシュタイン〟のようでした。右目は飛び出し、鼻は曲がっていました。そして、顔にめりこんだまま取り除くことができなかった小石が、皮膚の縫い目から出てくるのでした。それでも父は、少しずつ快方に向かっていったのです。

ひっくり返った左腕について、医者は「もう治ることはありません。そのまま放っておくと腐ってきて、命に関わるようになります。せっかく助かった命なのですから、左腕は付け根から切断しましょう」と言いました。そして、その手術に同意する書類に印鑑を押すようにと言ってきたのです。

すると、また母に〝神様〟が入りました。そして母を通して、「（腕は）**治る**」と伝えてきたのです。

もちろん医者は、それは母の言葉だと思っており、〝神様〟が言っているとは夢にも思いません。

当然、医者は怒りました。レントゲンを撮り、様々な角度から検討し、他の医者とも話し合って「治らない」と判断したのです。そして、「そのままでは命が危ないから切断する」と結論を出したのです。

それに対して、医学的には全くど素人の母が「治る」と言うのですから、医者が怒るのは無理もありません。家族ですら、母は事故のショックで気が狂ってしまったと思っていたのですから……。

医者は怒って部屋を出て行きました。するとまた、〝神様〟が母親を通して「**今、医者は詰め所まで行ったが、すぐに戻ってくるぞ**」と言うのです。本当にすぐに戻ってきました。そして今度は、別の書類に印鑑を押せと言うのです。それは、「腕を切らなかったことが原因で、もしものことがあったとしても、医者を訴えない」ということに同意したことを確認する書類でした。母はその書類にサインをし、印鑑を押したのです。

母が信仰の道へ

母は、父が事故に遭った直後から、母の姉の家の近くにあった神道の教会に、「何とか父が助かるように」と祈願して熱心に通うようになりました。それまでは特に信仰はしていませんでしたから、まさに「苦しい時の神頼み」でした。

父の意識が回復した後も、母はその教会に熱心に通いました。毎日欠かさず、朝七時からの修行を続けていったのです。

当時、私には中学生の兄（七つ上）と、小学生の姉（二つ上）がいました。学校に行っていないのが私だけだったことから、父の看病という役目が五歳の私に回ってきました。私は幼稚園を休んで、毎日朝六時発のバスに乗って病院に行きました。そして、朝まで父に付き添っていた母と交替するのです。

五歳の子供が病院でできることといえば、父に何か異変があったらブザーを押して、看護師を呼ぶことでした。

そのようにして、私は一日中病院にいたのです。そのとき、いつも周りから言われていたのは、「じっとおれ（じっとしていなさい）」でした。五歳の子供ですから、そこら中を走り回りたいのです。でも、病院ですから我慢しなければなりませんでした。それがとてもつらかったことを、よく覚えています。

母は病院に泊まり込みで父に付き添いました。朝になると私と交替して、神道の教会に行って修行をしました。昼頃に病院に戻ってくると、〝神様〟が入ったままの状態で父の体をマッサージするのです。その結果、なんと、医者が切断するしかないと言っていた左腕が、一部の指に不自由は残ったものの、治ったのです！　それは本当に奇跡が起こったとしか言いようがありませんでした。体の中にめり込んでいた右足は引き出されました。

すべての結果には原因がある

このように、生きるか死ぬかの重傷でしたから、病院では大部屋に入ることはできず、個室に入らざるを得ませんでした。入院した当初は、とにかく助かってほしい一心だったので、手術代や入院費までは気が回らなかったのですが、一カ月経《た》って支払いの時がやってくると、現実に引き戻されました。公立の病院（市民病院）でしたが、個室ですから当然、費用は莫大《ばくだい》で、とても払える金額ではありませんでした。当時、わが家は大阪で小さな商売をしていましたが、裕福ではなかったのです。

父の乗っていたオートバイとぶつかったのはダンプカーで、自動車保険に入っていました。ですから、その保険金が下りたら、それで入院費を払うことができたのです。

ところが、そうしようとすると、また母に〝神様〟が入りました。そして「**保険金で入院費を払ってはいけない。それでは、整理できない**」と言うのです。

それだけ言うと、〝神様〟は母から出て行きました。

我に返った母は、「神様、今、何て言うてた？」と家族に聞いてきました。自分の口で言いながら、本人は全く意識がなかったのです。「保険金を使ったらあかんて言うてるで」と教えると、母は「そんなこと言うてもなあ……」と途方に暮れていました。

後に家庭連合に導かれてから、この〝神様〟が言っていた意味がよく分かるようになりました。

「すべての結果には原因がある」のですが、父の事故にも原因があったのです。たまたま偶然に起こったのではないのです。その原因とは、先祖の犯した罪でした。

私たちの先祖によって被害を受けた人は、霊界にいてもその恨みを忘れることができません。その恨みは加害者の子孫である私たちに向けられ、様々な災いを引き起こすのです。そのような霊を、悪霊（人）と言います。

では、父に事故を起こさせた悪霊人は、わが家の先祖からどんな被害を被ったのでしょうか。〝神様〟がはっきりと教えてくれたわけではありませんが、恐らく、お金の問題があったのではないかと思われます。だから〝神様〟は、「**保険金で払ったら整理できない**」と言ったのです。つまり、苦労して汗水流して働いたお金で払わない限り、その悪霊人の恨みを解放することはできないと言ったのだと思うのです。

「損」の道を選んだ母

しかし、私の家にはお金がありませんでしたから、保険金を使わなければ、誰かに借りるしかありません。親戚を頼ったとしても、「事故のときのための保険なのに、どうして使わないのか」と言われるのが関の山です。「〝神様〟から言われた」などと説明しても、誰も信じないでしょう。

常識的に考えれば、加害者の保険金で払うのが当然でしょう。保険金を使っても誰も文句を言わないでしょう。そういうことをよくよく分かった上で母が出した結論は、「保険金を使わない」でした。〝神様〟の言葉を守る道を選んだのです。

すると、母がそう決めた途端、また〝神様〟が入って、「**この辺りの村で一番の家を建ててやる**」と言うのです。もっと早く言ってくれれば、母も少しは楽に決断できたと思うのですが……。

霊界からのメッセージは一事が万事、こんな感じでした。結論しか言わず、詳しい説明は全くないのです。

しかも、内容もとても漠然としていて、村一番の家を建てさせてくれるのが一体いつのことなのか、何年後なのか、一切分からないのです。当時五歳だった私でさえ、「そんな先のことより、今を何とかしてほしい」と思ったことを、はっきりと覚えています。

それでも母は、〝神様〟の言葉に従いました。損得で考えたら、間違いなく損です。交通事故の被害者になったのに、加害者側の保険を使わないなんて、ばかだなあと思う人がほとんどでしょう。

しかし、よくぞ母は損の道を選んでくれたものだと、今は本当に感謝しています。もし母が〝神様〟の声に従わず、保険金を治療費に充てていたら、今私がこのように、信仰の道に来ることはできなかったでしょう。そう考えると、母のこの決断が子孫の未来を決めたと思うのです。

三年後、家が教会に

父は百日近く入院した後に、退院しました。自分のことは自分でできるようになるのだったら、霊界から引き戻すと言われていましたが、実際にそのようになっていったのです。切断するしかないと言われていた左手でしたが、その手に茶碗を置いてご飯を一人で食べられるようになりました。右手は無事でしたから、車の運転もできるようになりました。足は少し引きずりはしますが、歩けるようになり、後には小走りができるまでに快復しました。ただ、皮膚の感覚だけは十分戻らなかったようで、行火《あんか》（布団に入れて直接手足に当てて暖をとる暖房器具）で火傷《やけど》をしても気づかないほどでした。

医者から死ぬと言われていた父が奇跡的に助かった、母を通して〝神様〟が示してくださることは、そのとおりに実現されるといったうわさが広まりました。それを聞きつけた人が、恩恵にあずかろうと、続々と母を訪ねて来るようになりました。

私の家は小さな商売をしていたのですが、母は、父の命を助けてもらった恩返しをしたい一心で、喜んで人々の相談に乗っていました。「自分を見てほしい」、「どうしたらよいか教えてほしい」という人たちに、母は、霊界と交信しながら、解決策を提示していったのです。また求められれば、夜でも嫌な顔一つせず出掛けて行きました。このようにして、人助けの生活が始まったのです。

三年ほど経った頃、〝神様〟が「**家を教会にしなさい**」と言ってきました。それで、大きな家ではありませんでしたが、教会にしたのです。その時、私は小学生になっていました。

❸「神様はいつも見ているよ」

祝詞《のりと》を子守歌に育つ

教会では、毎日、夜八時から、祭壇のある部屋でお勤めが始まりました。「高天原《たかまのはら》に神留《かむづ》まり坐《ま》す……」で始まる祝詞を、まず〝神様〟に四十分ほど上げ、さらに続けて先祖に二十分くらい上げます。集まった数十人の信者たちが一斉に祝詞を上げるのです。

鉦《かね》をチャーン、チャーンと鳴らしながら、大きな太鼓をドーン、ドーンと打ちます。「ちゃんぽん」という言葉がありますが、この「チャーン」という鉦の音と「ポン」という鼓《つづみ》の音を合わせた言葉という説もあります。

それはそれは賑やか、というより、うるさいこと、この上ありませんでした。

その頃、私は小学校に上がったばかりでした。お勤めをする部屋の隣の四畳半が、私と二歳上の姉の寝室になっていました。お勤めの時間になると、母は「寝なさい」と言って、私と姉を寝室に追いやりました。ですから、私たち姉弟《きょうだい》の子守歌は「高天原に神留まり坐す……」です。私が今、どんなにうるさい環境の中でも眠ることができるのは、この時に訓練されたおかげです。

九時過ぎにお勤めが終わると、母は信者たちのお加持《かじ》(神仏の加護、災難の除去を祈る儀式)を始めます。病気を抱えている人、仕事がうまくいかない人、家族や人間関係で悩んでいる人など、様々な人が集まっていました。

母は一人一人について、その原因を〝神様〟に尋ねます。すると〝神様〟から、先祖の犯した罪や失敗などが伝えられ、それに対して、こうしたらいい、ああしたらいいという指導が、母の口を通して示されるのです。

お加持は、一人五分としても三十人いれば二時間半、四十人いれば三時間以上かかります。それが終わって信者たちが帰ると、母は一人でまたその人たちのためにお勤めをするのです。ですからすべて終わるのが、夜中の十二時、一時になる日もざらでした。

信者たちが〝神様〟の指導のとおりにすると、病気が治ったり、商売がうまくいったり、人間関係が改善されたりと、奇跡のようなことがたくさん起こりました。こうして、母の教会は評判になっていったのです。

「神様はいつも見ている」

私たち姉弟は、時々、母から「お勤めが終わるまで寝ないで待ってなさい」と言われることがありました。それで待っていると、お勤めの後に呼ばれます。そして母の前に座ると、母にぽっと〝神様〟が入るのです。そして、その〝神様〟が、その日私が何をしてきたかを、ことごとく当てるのです。

私は初め、〝神様〟の言葉だとは、とても信じられませんでした。母があらかじめ私の友達に、私がしたことを聞いておいたに違いないと思っていました。そして私の躾《しつけ》のために、「神様はいつも見ている」と思わせているのだと思ったのです。

ところが一週間後にまた母に呼ばれたとき、〝神様〟は私の行ったことを当てるだけではなく、「**その時、こう思ったやろ。あの時、ああ思ったやろ**」と心の中を言い当てるのです。私の心の中は私しか知らないはずなのに……。そして、「**神様、いつも見てるで。いつも共にいるで**」と言うのでした。

それは恐いという感じではなく、優しい感じでした。

そういうことが重なると、さすがの私も、「そうか、神様っているんやな。いつも見てるんやな」と思うようになりました。学校に行く道すがら、ふっと後ろを振り返っては、「来てるかな？　見てるかな？」と確認しようとしたことを思い出します。

ある時、夜中に目が覚めると、隣の部屋から、何やら人の話し声が聞こえてきました。「きょうは遅くまでお勤めしてるんやな」と寝ぼけ眼でふすまを開けてみると、誰もいないのです。あれっと思って閉めると、また声が聞こえてくるのです。そういうことが何度か続きました。

宗教では修行をして霊的感性を開いていくということがあります。それから、体質と言うのでしょうか、何かのきっかけで霊通するようになったりするのです。姉と私は、そういう体質なのか、あるいは家が教会という環境だったためか、霊の声が聞こえるのです。そのうちに、私にも時々、霊の姿が見えるようになりました。姉に至っては、いわゆる〝霊眼〟が開けて、はっきりと霊が見えるようになったのです。

小学生の姉と私には、霊界が見えるようになってからも、分からないことがありました。

それは霊界の組織、仕組みです。ですから二人でよく、「どちらかが先に死んだら、霊界がどうなっているのか、知らせに来ようね」と話をしていました。傍《はた》から見れば、異様な小学生だったと思います。

守り神を祀《まつ》る役目

そんな姉と私に、霊界から特別な使命が与えられました。〝神様〟をお祀りする祭壇は、教会と家にそれぞれあったのですが、それとは別に、姉と私に「**あなたたち二人は特別に〝神様〟をお祀りしなさい**」という指示が与えられたのです。神道では、一人一人に、守ってくれる〝神様〟(守り神)がついているのですが、姉と私は、その守り神をお祀りすることになりました。

神様を祀るというのは、具体的にどうするかといいますと、毎朝、水とお酒を供えます。食事も供えます。また、私の守り神である金剛龍王大神《こんごうりゅうおうおおがみ》は卵が好きなので、卵も欠かさず供えていました。それが毎日の日課です。朝も夜もします。何か買い物をしたら、まず買った物をすべてお供えします。そうしてから頂くのです。

小学五年の時、石の階段で転んですねを打ち、傷口がパカッと割れたことがありました。普通ならすぐに病院に行くところですが、こんなとき、わが家ではまず、母を通して〝神様〟に尋ねるのです。その時の〝神様〟の答えは、「**消毒して、傷薬を塗って、包帯を巻いておいたら大丈夫だ**」というものでした。実際、それで治ってしまいました。もちろん、病院に行かなければならないときには、病院に行くよう言ってくれます。

そのように、私たち姉弟《きょうだい》の生活のすべては、霊界の指示どおりに動いていました。私にとって霊界は親のようで、「育てられた」という実感があります。怖いとか気持ちが悪いとかという感覚は全くありませんでした。

時には、母が人の悩みを聞いている時に、恨みの霊が母を通して出てくることもあります。しかし、それはほんの一部で、総じて霊界は私たちを温かく守ってくれる存在でした。

天使と善霊に導かれて

私の家が神道の教会になり、母親を通じて〝神様〟の指示があったのですが、その〝神様〟とはどのような存在なのでしょうか？

後に家庭連合の教義である「統一原理」の内容を知って分かったのですが、母に入って指示していた〝神様〟は、キリスト教や家庭連合が信じる、天地を創造された唯一神ではありませんでした。それは神様に仕え、神様の使いとして善の業をなす天使であったり、もともとは地上で生きていた人間で、亡くなって霊界に行って高い位置にいる善霊（人）でした。

神道では、竜（蛇）や稲荷神社などのようにきつねなども祀っていますが、それらはみな、神様の使い、天使なのです。

母の守り神は聖姫大神《ひじりひめおおがみ》でした。その名前や柔らかい話し方からして、てっきり女性神と思っていました。ところが、李相軒《イサンホン》先生（一九九七年聖和《ソンファ》）の霊界からのメッセージによると、「天使はすべて男性格である」というのです。そこで、聖姫大神に「あなたは男性だったのですか？」と尋ねたところ、「そうです」という答えが返ってきて、驚いたことがありました。

神道ではまた、日本最古の歴史書『古事記』に登場するイザナギとイザナミ、この二人から生まれた三貴子（天照大御神《あまてらすおおみかみ》、月読命《つくよみのみこと》、須佐之男大神《すさのおのおおがみ》）をはじめ、太古の昔から亡くなって霊界に行った人たち（善霊）も、〝神様〟として祀っています。

後に、母を通して出てくる〝神様〟の須佐之男大神に、「あなたは人間ですか、天使ですか？」と聞いたことがあります。すると、「人間であった」という答えが返ってきました。また、私の守り神の金剛龍王は、「天使だ」と答えました。

ちなみに、天使の〝神様〟には、それぞれ担当する分野があります。霊界を守る天使と地上を守る天使がいますし、地上を守る天使にも、山を守る天使、海を守る天使など、それぞれ担当する分野があるのです。山の神、海の神とも言います。それだけでなく、特に秀でた人のことを「学問の神様」などのように、「〇〇の神」という表現も、日本では昔からよく言われています。

例えば、かえるのような姿をした金福大神《かなふくおおがみ》という〝神様〟は、経済を担当しています。わが家では、無駄遣いをすると、この金福大神に叱られました。千円のお金を使うのもチェックされるほど、厳しかったのです。

霊界は必ず約束を守る

家を教会にしたのですが、わが家はそれで生計を立てたわけではありません。すべてボランティアでした。賽銭箱《さいせん》は置いていましたが、信者さんたちの気持ちに任せていました。毎日大勢が出入りしますから、畳《たたみ》も傷みます。冷暖房も必要ですし、お供え物にも結構お金がかかります。ですから、教会を維持するだけでも大変でした。

そんな教会の実情を見て、母の教会の跡を取るのは姉がしたらいいと思っていました。将来、姉のご主人になる人が商売でもして、姉は教会の仕事をする、それがいいと思っていたのです。

わが家は大阪で建築関係の小さな商売をしていたのですが、父が交通事故に遭ってからは十分に働けなくなりました。私たちがどうして生活できたかというと、父に代わって霊界が営業をしてくれたからです。

具体的には、〝神様〟が得意先や知り合いのところに行って働きかけるのです。そうすると、相手の人の心の中にふっと父のことが浮かぶのです。「クニさん（父のこと）、どうしてるかな」と。そしてその瞬間、「助けてあげなきゃいけないな」という気持ちになるのだそうです。

もし父（母や家族も含めて）が普段、行いが悪くて迷惑ばかりかけていたら、その人は父のことが思い浮かんだ瞬間、「ざまあ見ろ」と思うでしょう。ですから、そういう場合に「助けたい」と思ってもらうためには、日頃から努力して、人のためになるような生き方をしていなければならないということです。

こうして、霊界の協助によって商売がうまくいくようになりました。そして、事務所を新築する話が持ち上がりました。ところが、そうしようと決めた途端、仕事がパタッと来なくなってしまったのです。

早速、いつものように〝神様〟にその理由を尋ねると、「**順番が違う**」という返事です。「どういうことですか？」と尋ねると、「**事務所を建てる前に、やることがあるやろ**」。

要するに、事務所を建てる前に教会を、神様のお社《やしろ》を建てなさいということだったのです。

そこで教会を建てることにしたのですが、お金がないので借金をしなければなりませんでした。それでも、借金をして教会を建てると決めた途端、すぐにまた仕事が来るようになったのです。

こうして商売がうまく回っていき、ついに教会を建てることができました。二階建てで、教会が二階、住居が一階の、当時としては大きな建物でした。ちょうど、父の交通事故から十年が経《た》っていました。父の治療費を保険金で支払わないと決めた時に霊界がしてくれた**「村一番の家を建ててやる」**という約束が、十年で成就したのです。

霊界は、一度約束したことは、こちらが信仰を立てさえすれば、何十倍、何百倍にしてかなえてくれるということを、この時体験しました。

信教の自由を求めて「神の国をつくろう」と、メイフラワー号に乗ってアメリカに渡った清教徒たちは、飢えながらも、未来のために作物の種を残しました。そして、自分の家を建てる前に教会を建てようとし、学校を建てようとしたのです。自分のことよりも、公的なことを優先する、その姿勢が神様を感動させたのです。そうしてアメリカは神様に祝福された国となりました。

これこそ、天運を呼び込む最善の方法だと思います。何よりも公的なことを優先するということです。これは幼い頃からの体験で分かってはいましたが、「統一原理」を学んでからは、その深い意味、背後にある神様のご心情まで理解できるようになったのです。

④ 姉に導かれて家庭連合へ

姉が突然、家庭連合へ

二歳年上の姉は、二十歳を過ぎると、家の商売の仕事を手伝うようになりました。その頃、ゆくゆくはわが家の教会を継ぐことになっていた姉が、家の手伝いだけではおもしろくないということで、書道を習いに行くようになりました。その先生が家庭連合の人で、そこで「統一原理」を学び、家庭連合に伝道されたのです。

それから姉が変わり始めました。朝が苦手だったのに、早く起きて近所の掃除に行くなど、明らかに生活が変わったのです。それまで、私と年齢も近くて、何でもよく話し合っていた仲だったのに、一言の相談もなく、「家庭連合に行く」と言い出したのです。

私の家は普通の家ではありません。神道の教会です。その跡を取るのは私ではなく姉だと思っていたのですから、突然、他の宗教に行きたいと言い出した姉を、私は理解できませんでした。

母の教会は教会ではあるのですが、経典らしいものはなく、メシヤが来るとか、救い主が来るとかいった、教義というようなものはほとんどありませんでした。祝詞《のりと》を上げるくらいのもので、〝神様〟が母の体に入って、すべて指導していました。

どうして家庭連合に行きたいのかと理由を問いただすと、姉は、「大神さん（ここでは須佐之男大神《すさのおのおおがみ》のこと）が家庭連合に行けと言っている」と言うのです。

もちろん、そんなことは信じられませんから、私たち家族は母を通して、「大神さん、出てきてくださいい。姉の言うことは本当ですか？」とお伺いを立てました。

ところが、大神さんがお出ましになるのは、通常、正月と、六月と十二月の大祓《おおはらえ》（人々の罪や汚れを払い清めるための神事）の三つの行事の時だけでした。ですから私たちが呼んだ時も、大神さんではなく、亡くなった祖母の霊が来て母に入りました。それで祖母に同じことを尋ねてみました。その当時は、霊界に行っている人は、みんな何が良いか悪いか、すべて分かっているものだと私は思っていました。

祖母は、「**苦労するから、行かんほうがいい**」と言うのです。これは質問に対する答えになっていないので、私はもう一度、大神さんをお呼び出ししようとしました。

すると今度は、いつも私たち家族をはじめ、信者さんを指導してくれている、母の守護神である聖姫大神《ひじりひめおおがみ》さんが出てきました。聖姫大神さんの答えは、「**大神さんは、そんなことは言ってないと思うよ**」という、極めて曖昧《あいまい》なものでした。要は、「知らない」ということなのです。それでも、私たちの言うことに耳を貸さない姉に、聖姫さんから直接言ってもらおうと思いました。

その時は、すでに夜中の零時を回っていました。私は母に入っている聖姫さんに、「そのまま、いてくださいね。今、姉を起こしてきますから」と頼んでおいて、姉を連れて戻りました。ところが、聖姫さんの言葉を聞いた姉は、「聖姫さんは知らない。大神さんしか知らない」と言うのです。

聖姫さんは、私たち姉弟を幼い頃から守り、育ててくれた大恩ある〝神様〟です。ですから、私が聖姫さんと姉のどちらの言葉を信じるかと言えば、当然、聖姫さんのほうだったのです。今まで様々に指示を受け、父親の命が助かったのも〝神様〟のおかげと考えていましたから。大恩ある〝神様〟を裏切って出て行くことは全く理解できませんでした。こうして私は、姉と決裂しました。

三年間、泣き暮らした母

姉は、家庭連合の信仰を持った当初、親戚中から猛反対を受けました。外に出て行かないようにと、おじの家に半ば閉じ込められ、トイレからこっそり逃げ出したこともありました。

その頃、私は大学に入り、下宿生活をしていました。下宿先の部屋にも神棚を置いて、私の守り神である金剛龍王大神《こんごうりゅうおうおおがみ》をお祀《まつ》りしていました。毎日、朝昼晩、お水やお酒を供え、金剛龍王大神の好物である卵も欠かしませんでした。友達が来た時は、恥ずかしいので、神棚はカーテンで隠していました。

大学の夏休みに、実家に帰ったときのことです。私の部屋の神棚にお水を上げようとしたところ、何か変な感じがしました。神棚の奥には〝神様〟がいらっしゃる小さな部屋がありますす。普段、そこの扉は開けないのですが、「ここだ！」とピンと来ました。ギーッと開けてみると、なんと『原理講論』（家庭連合の教義解説書）が入っていたのです。姉が私に無断で入れていたのです。

怒り心頭に発するとは、このことです。私は思わず『原理講論』を床に投げつけました。その勢いで、姉をぶん殴りました。そんなこともあったのです。

姉が家庭連合に行ってから三年ほどした頃でしょうか、一度家に戻ってきたことがありました。姉はもともと、身だしなみには気を遣うほうだったのですが、その時の姉はノーメイクで、服もあまりにもみすぼらしいものでした。まるで〝貧乏〟が歩いているという雰囲気でした。私は思わずポケットに入っていた五千円札を、顔を背けながら姉に渡しました。それほど、姉の変わりように衝撃を受けたのです。

姉はわが家に滞在している間、毎日、夜中に祈っていました。その祈りの中に「共産主義」などという言葉が出てくるので、「宗教なのに、変なお祈りだなあ」と思いました。そして、最後に私たち家族の名前を挙げて祈っているのです。

そんな姉の様子を見ながら、悪いことをしているのではないことは分かったものの、到底、私は姉を許す気にはなれませんでした。夜中に必死に祈るのも、私たち家族への「当てつけ」としか思えなかったのです。

私の家は、〝神様〟に父の命を助けてもらい、商売も繁盛させてもらっているのです。すべて〝神様〟の導きと守りで、ここまでやってこられたのです。その時、母親が教会を始めてからもう二十年近くになっていました。その恩を、姉は仇《あだ》で返しているように思えたのです。私にとっては裏切り以外の何ものでもありませんでした。

この姉のことでは、「神道の教会の娘が家庭連合に行った」と、信者さんたちから、どれほどバッシングを受けたか分かりません。信者さんだけではありません。母には指導してくださる先生もいたし、同僚の先生もいました。そういう人たちからも、いろいろと言われたのです。それでも母は、悪口を言うその人たちのために、毎日、夜八時から夜中の一時過ぎまで、無報酬でお加持《かじ》を続けたのです。

ですから、母がいちばん大変だったと思います。昼は家の商売を手伝い、夜は信者さんたちのために尽くします。自分の時間など全くなかったのです。

母親の心の中には、「こんなにも神様に恩返しをしているのに、こんなにも人のためにしているのに、どうして娘が他の宗教に行かなければいけないのか」という思いがあっただろうと思います。どんなに悩んだでしょうか。誰にも相談できず、「（姉が出て行ってから）三年間、泣き暮らした」と言っていました。

そんな母の姿を見ていましたから、私は姉と一生縁を切ることを決意していたのです。姉の信仰がどうのこうのよりも、姉の義理人情に欠ける振る舞いが許せなかったのです。

長年の疑問が「原理」で解ける

やがて、私は結婚しました。結婚する時には、〝神様〟にお伺いを立てたのですが、〝神様〟の返事は、**「因縁、重いぞ。だけど、まあ許容範囲や」**でした。それでも、**「何とかなる。助ける」**とも言ってくださったので、〝神様〟も認めた中で結婚しました。その相手が、今の妻です。

結婚を決めるに当たり、妻に確認しました。

「私は神道の信仰を持っているから、朝昼晩、〝神様〟にお給仕をしないといけない。買い物をしたら、まず祭壇に供え、その後で頂くんだけど、できる？　それと月に二回くらい、お参りに行かないといけないんだけど、できる?」するとと、妻は「いいよ」と言ってくれました。もし「ノー」だったら、結婚しなかったと思います。

こうして結婚し、一年目に子供が生まれました。

そういう中、姉から「話があるから集まってほしい」という連絡が来たのです。姉が家庭連合に行って七年が経《た》っていました。私は、「家庭連合の話を聞かせようとしている」とピンと来ましたから、即座に断りました。

するとその夜、不思議な夢を見ました。私は聖書を読んだことがないのに、聖書の物語が出てきたのです。

一人の天使が「その巻物を開き、封印をとくのにふさわしい者は、だれか」(ヨハネの黙示録5章2節)と叫んでいる、あの黙示録の場面です。そしてその天使がラッパを鳴らしながら、「もう現れた」と言って、巻物を私に渡したのです。手しか見えませんでしたが……。私はその巻物をもらって、たくさんの人の前で巻物について説明をしているのです。そういう夢でした。

目が覚めると、私の気持ちが変わっていました。「明日行ってみようか。行くだけ行って、断ればいい」と。子供の頃から、〝神様〟の言うことを聞かないと体が動かなくなることがあったので、行かなければ、また動かなくなるかもしれないという恐れもあったのです。
その日、実家の教会に、父と母、兄夫婦、そして私たち夫婦が集まりました。姉はホワイトボードを使って、二十分くらい、「統一原理」の講義をしました。霊界と地上界との関係などを扱った「復活論」の講義だったのですが、その時に不思議な現象が起きました。私のおなかから黒い煙のようなものが出て行くのが霊的に見えたのです。
それと同時に、「ああ、なるほどな」と、姉の言っていることがよく分かるようになりました。霊界の仕組みはどうなっているのか、因縁はなぜ繰り返すのかといった、長年抱いていた疑問が、見事に解けていったのです。

「神様のため、世界のために」

講義の休憩に入ったとき、突然、母に須佐之男大神《すさのおのおおがみ》が入りました。公的な行事では一年に何回かは出てこられるのですが、それ以外でこの大神さんが出てきたのは、その時が初めてでした。大神さんは私たち家族を前に、こう言いました。

「おまえたちは、この娘たち（家庭連合の会員たち）が何をしているのか、知っているか。食べる物も食べず、寝る時間も削り、神様のために、世界のために、日本のために歩んでいるのだ。私はそれを七年間、見てきた」

その頃はまだ家庭連合は、〝耳パン〟を食べながら歩んでいるような貧しい時期でした。そういう苦労する姿をつぶさに見てきたというのです。大神さんは、「子供に苦労させたい親がどこにいるか」と、涙を流しながら言ってきたのです。

さらに大神さんは、「この教会の信者を見てみろ。どこに、本当の信者がいるのか。全部、自分の欲のためじゃないか。商売のこと、病気のこと自分のこと、自分の家庭のことだけを願いに来るじゃないか」と嘆くのです。

そして、「病気や仕事のことは、ある程度助けてやることができる。でも、人の心を変えることはできない。だから、この娘（姉）をそこ（家庭連合）に送った。あなた（私のこと）にも来なさいと言ったのに来なかったから、この娘はとても苦労したのだ」と言うのでした。

世の中には多くの宗教があり、「病気が治った」とか「商売がうまくいった」など、恵みを受けた証《あか》しがたくさんあります。しかし、それが限界なのです。すべての宗教の本来の目的は、神様が創造された本来の世界をつくることです。そのためには、メシヤ（救世主、キリスト）を迎えることが必要なので、人々がメシヤを迎えて一つになることができるように、彼らの〝心を変える〟ことが宗教の役割だというのです。

私はその須佐之男大神《すさのおのおおがみ》の訴えを聞いて、すべて納得しました。そして、家庭連合に入ることを決めたのです。

後に「統一原理」を学んで、本来は、神様が人間の心の中に入る予定だったのに、人間始祖アダムとエバの堕落によって人間の心の中にサタンが入り込み、それ以降ずっと人間の心霊を支配し続けてきたということを知りました。

宗教は今まで、人間の矛盾性を整理、克服しようとしてきました。ある段階までは行くけれども、完全にはできませんでした。限界があったのです。

須佐之男大神さんは、「**私にはどうしようもないのだ。だから、この娘をそこに送ったのだ**」と言われました。そこで、私は「分かりました。須佐之男大神さんがそのように言われるのなら、私もそこに行きます」と、その時に決めたのです。

サタンの正体を明らかにし、真の愛で自然屈伏させた文鮮明《ムンソンミョン》先生（世界平和統一家庭連合の創始者）の教えであるからこそ、人の心を変えることができるのだと、今は確信しています。

百日の精誠で妻を伝道

こうして一九八三年、私は家庭連合の信仰を持つことを決めました。ところが、妻は乗り気ではありませんでした。結婚から一年が過ぎ、妻はようやく私の家の神道の信仰や儀式に慣れてきたばかりで、「この神道の宗教のままでいいんじゃないの？」という反応だったのです。

家庭連合の人から「あなたは結婚しているんでしょ。この道は一人ではなくて、夫婦で、家庭で歩む道です。奥さんも子供も一緒でないといけません」と言われ、私もそのとおりだと思ったので、妻を伝道することを決意しました。そして私自身の一生のことなので、確信を持つためにも百日間の精誠条件を立てることにしました。条件は、一日の十分の一を神様に捧げるという意味で、毎日二時間二十四分、祈祷することにしました。

当時、私は片道一時間半かけて仕事に通っていました。通勤だけで一日三時間です。そういう中で、一日のうちの十分の一、二時間二十四分を、妻を伝道するための条件に当てたのです。

ところが、そう決めるや否や、仕事帰りに上司や友人から「一杯、行こう」と酒席に誘われるようになりました。不思議なことに、それが毎日のように続くのです。「あ、これはサタンがいるな」とすぐに感じました。それで私は、「すべて受けて、とことん付き合おう」と腹をくくりました。もちろん、酒は飲まずに、です。

そうなると、帰宅は早くて夜の十時、十一時になります。遅いときは午前三時を回ったこともありました。すると、「日付が変わると、条件は失敗ではないか」とか、「今から祈祷したら、二時間しか寝られない。明日の仕事に差し支える」など、様々な思いが湧いてくるのでした。それでも私は、とにかく「いったん座ってお祈りをする」ということを、やり続けたのです。

祈るといっても、当時の私には簡単ではありませんでした。神道で祈りに当たるものといえば祝詞《のりと》ですが、祝詞は同じ言葉を十回、百回、千回と、繰り返すもので、自分の言葉で自由に祈ることはありません。自分の言葉で祈るというのは、とても大変なことだったのです。

それで、この期間は、最初に「神様、今からお祈りします」と宣言し、祈りの言葉が出てこないときには聖歌の録音テープを流したりしました。そのようにしながら二時間二十四分を過ごした後、「これで終わります」と言って立ち上がる――。それが精一杯でした。

結果的に、この百日は、人間に条件を立てさせまいとするサタンの業をものすごく実感する期間となりました。それでも屈することなく、幼い頃から教えられた「〝神様〟との約束は守る」という一点で、形だけは全うすることができたのです。

そうして百日を終えたその朝方、夢を見ました。旧約聖書のアブラハムのイサク献祭の場面でした。

ユダヤ教やキリスト教で「信仰の父」と尊敬されているアブラハムは、神様からその子イサクを燔祭《はんさい》として捧げなさいと命じられます。燔祭というのは、供え物の動物を刃物で裂いて、火で焼くというものです。アブラハムが大事な一人息子のイサクを燔祭として捧げようとします。アブラハムがイサクに手をかけようとしたその時、神様が天使を遣わしてとめさせるのです。そして、「あなたが神を恐れる者であることをわたしは今知った」（創世記22章12節）とおっしゃる、あの場面が出てきたのです。

そして続いて、「**これからあなたの人生には様々なことが起こるだろう。だが、必ず最後は私が導く**」という声が聞こえたのです。これが神様との初めての出会いでした。

するとその朝、驚いたことに、妻の気持ちが百八十度変わっていたのです。妻は百日間の私の姿を見ながら、「この人は一度決めたら変わらない。しゃあない、私もやるしかないと思った」と言っていました。

こうして、夫婦で新しい信仰の道を出発したのです。

ほどなくして私は、会社を退職しました。そして妻に「一年間だけ、私に時間をくれないか」と相談しました。

「一年間、『統一原理』の勉強をしたい。勉強して原理講義をできるようになりたいのだ。神様が私を必要としてくださるのなら、私を用いてくださるだろう。もし神様が私を必要としていないということだったら、そのときはもう一度、勤めながら信仰するようにする」

そのようにして信仰を出発したのです。

❺ 祝福は天国への切符

神様は世界の救いを願っている

父が交通事故から奇跡の生還をした後、母はわが家を神道の教会にし、母が中心となって、〝神様〟の力を借りながら、信者さんたちを無償で助けるようになりました。そういう環境の中、私も母から悪霊の整理をしてもらっていました。

例えば、頭が痛くなったら、普通なら薬を飲みます。でも、私たち家族の場合はいったん、〝神様〟にお伺いを立てるのです。すると、母に入った〝神様〟が、「脳梗塞で亡くなった誰それが頼ってきている」などと告げるのです。その霊を母が整理すると、頭痛が治るのです。もちろん、病院に行ったほうがよいときは、そのように指導してくれました。

母は、通常、一度に一体ずつ悪霊を整理していました。私は母から二日に一回の割合で悪霊を出してもらっていましたので、単純計算すると、一年に約百五十体です。それを二十年続けると、三千体に上ります。

私が家庭連合に入った頃、家庭連合ではまだ霊の分立は始まっていませんでしたので、私は引き続き、母に霊の整理をしてもらっていました。

私が「原理」を学び始めて一年が経《た》ち、ある程度、原理講義ができるようになった頃のことです。ある霊が母に入って、私に「**もう、これくらいでいい**」と告げてきたのです。「**あなたには神道を復帰する使命があるから、家庭連合に行くよりも、こちらでやったほうがいい**」と言うのです。さらに、「**あなたがこれ以上、家庭連合の信仰を続けたら、あなたの母親の寿命が縮まる**」とまで言ってきたのです。

私は、「本当に、天の神様がそう言ったのですか?」と三回、尋ねました。その霊は、二回目までは黙っていたのですが、三回目に問いただしたとき、急に変わり、「**天の神様は、そんなことは願っていない。世界の救いを願っている**」と告げてきました。そう答えたのは善霊でした。二回目までは、実は悪霊が言っていたのです。私が神様のみ旨の道を行くことをやめさせるために、脅迫までしてきたのです。

そんな時、文鮮明《ムンソンミョン》先生の夢を見ました。

海辺でした。文鮮明先生は棒を持っておられ、私はお社《やしろ》（神殿）を持っていました。文先生は砂浜に棒で線を引くと、私に「それ（お社）をいったん置きなさい」とおっしゃったのです。私が戸惑っていると、文鮮明先生が「私が置いてあげるよ」と言われ、ばっとお社を私から取って線の向こう側に置かれました。そして「時が来たら、返してやるよ」とおっしゃったのです。私は「分かりました」とお答えしました。そこで夢は終わりました。

私はこの夢を、「霊的なことを、いったん切りなさい」という意味だと解釈しました。

それで、その後しばらくは、霊的なことに一切関わらないようにしました。

「あのお方でなければ人類を救えない」

家庭連合の信仰を持ってしばらく経った頃、韓国で文鮮明先生にお目にかかる恵みにあずかりました。今から三十年以上前の話です。

私は小さい頃から肉が苦手で食べませんでした。親や兄弟は好きなのですが、どういうわけか、私は嫌いだったのです。匂いの強いものは嫌いでした。

ところが、韓国に行ってみると、もう空港に着いた瞬間からキムチの匂いがするのです。

今はそんなことはありませんが、当時の金浦《キンポ》空港は強い匂いがしました。そして、食事に連れて行ってもらったのが参鶏湯《サンゲタン》（鶏肉に高麗人参、もち米などを入れて煮込んだスープ料理）専門店だったのです。

私は肉が苦手だったのですが、中でも鶏肉が一番の苦手だったのです。それなのに、鶏が丸ごと出てくるのです。見た瞬間、「わっ、もういい」となってしまいました。それで「肉はいいから、ご飯はありませんか」と聞いたら、その鶏の中に入っているというのです。これには全く閉口しました。そんな感じで、食べ物が全く合わなかったのです。

当時の私にとって、文鮮明《ムンソンミョン》先生は神様のような、雲の上の存在でした。神道では〝神様〟と言えば、「すだれの向こうに在《おわ》す」という神秘的なイメージがあります。心がすーっと清くなる、何とも言えない神秘さを感じるのです。

ところが、目の前にいらっしゃる文鮮明先生は、言葉はとても早口で、顔の表情も変幻自在にされます。神秘的なイメージからはほど遠かったのです。それまでビデオでは拝見していたのですが、実際にお会いすると、自分のイメージしていたものとは全く違っていて、少なからずショックを受けました。

そのうえ、その時の私は、韓国の食事が合わず、何日間も飲まず食わずの状態で、体調も最悪だったのでした。頭もガンガンして「一刻も早く日本に帰りたい」と思いながら三日間を過ごしたのです。

帰国してから、実家（神道の教会）の母に韓国でのことを報告しに行きました。自分では大変だったとしか思えなかったのですが、子供の頃からお世話になっている〝神様〟に報告しておかなければいけないと思って行ったのです。

その時、金剛龍王大神《こんごうりゅうおうおおがみ》が母に入ったのです。金剛龍王大神は、私を幼い頃から守護してくれていた〝神様〟です。

母を通して金剛龍王大神が語るには、私と一緒に韓国に行き、私を通して文鮮明先生にお目にかかったというのです。金剛龍王大神は文鮮明先生の印象を、母の口を通して、「**何千年の間で初めて見た。あのお方でなければ人類を救えないと思う**」と語りました。私の受けた印象とは天地の差がありました。

そして、「**もっと食べ物に気をつけていただきたい。もっと寝る時間を取っていただきたい。そして一年でも一カ月でも、一日でも一分でも、長く生きていただかないと困る**」と、切々と訴えるのです。

そして、**「真の父母**（文鮮明《ムンソンミョン》・韓鶴子《ハンハクチャ》ご夫妻）**の時代だけで成さなければならない」**と言うのです。人間始祖アダムとエバが堕落することによって、彼らが偽りの父母となって人類がサタンの血統圏になってしまったので、真の父母がそのすべての過ちを清算して、全人類を生み変えて、神様の血統圏に復帰しなければならないということでしょう。

また、私はこの訪韓の時、文鮮明先生にしか関心が行かなかったのですが、金剛龍王大神は違いました。韓鶴子夫人について、**「この方も、同じように勝利された方だ」**とはっきりと証《あか》ししたのです。

既存の供養には限界がある

人間は亡くなった後、霊界に行きます。ところが、すぐに霊界に行けない場合もあるのです。例えば、交通事故などで突然命を奪われた人は、浮遊霊としてその事故現場に残ることがあるのです。また、強烈な恨みを持ったまま亡くなった場合、その恨みの原因をつくった地上人の体の中に入るケースもあるのです。

私の一家が信仰していた神道では、恨みを抱えたまま、霊界に行くことすらできないでいる霊人たちに対して、六カ月間、謝り続けることで供養していました。その人が生前好きだった食べ物などをお供えしながら、毎日ひたすら先祖のしたことを「すみません」と謝るのです。子供のときには、「先祖がやったのだから、子孫ではなく先祖のところに行けばいいのに」などと、よく思ったものです。

そのようにして六カ月供養すると、母に入った〝神様〟が、その霊人から恨みがすべて取れているかどうかを調べます。そうして恨みが取れていることが分かったら、そのことを紙に書き記して、海に流すのです。

私が信仰していた神道では、こうすることで因縁が切れて、供養ができ、その霊は霊界に行けるというのです。このようなことは神道だけでなく、仏教などでもしています。

ところで、神道や仏教でこのように供養をして因縁を切ったとして、その供養された霊は、果たして霊界のどこに行くのでしょうか？　天国に行けるのでしょうか？　そうではありません。その人が地上で生きていたのと同じような霊界に行くのです。つまり、その人の心霊基準にふさわしい霊界に行くのです。

霊界には地獄界、中間霊界、そして天国があります。地獄界は、特に人を殺したり、自殺したりした人、また自己中心に生きて人から恨みを買った人が行く所です。中間霊界は、善良に生きた人、他のために生きた人たちが行く所です。家族のために、氏族のために、地域のために、国のためにと、ために生きた人たちは、中間霊界に行きます。天国は、国や世界を越えて、神様のために生きた人が行くのです。

ところで、天国は一人では行けません。「天国」は、「二」「人」「国」と書きます。「二人で行く国」というわけです。神様は人間始祖アダムとエバを祝福して「生めよ、ふえよ……」と言われたと聖書に書かれています。男性と女性が神様を中心として結婚をし、家庭を築くことが神様の願いであり、祝福なのです。つまり、天国は家庭で行く所なのです。

その家庭で、父母の愛、夫婦の愛、子女の愛、兄弟姉妹の愛などの愛の心情（四大心情圏という）を完成するのです。そして、その愛が家庭にとどまるのではなく、氏族、民族、国家、世界と拡大してできるのが天国です。地上生活で天国生活をした人が行くのが天上天国なのです。

誰でもみな、天国に行きたいと願っているのですが、人を天国に導くことができる宗教とは、どんな宗教なのでしょうか？　もちろん、神道や仏教など他の宗教で修行や供養をすることによって幾分かは高い霊界に行けるかもしれません。しかし、それはほんのわずかです。限界があるのです。

家庭連合では、神様の願い、心情を教え、神様のために生きることを教えています。そして、人間始祖アダムとエバから始まった過ち（原罪）を清算する祝福結婚を受けることによって、堕落前の立場、すなわち本来の立場に戻ることができるのです。つまり、人間を天国に導くことができる唯一の宗教なのです。

私が家庭連合に入って間もない頃のことです。父方の祖母が、霊界から母を通して伝えてきたことがありました。私の父と母が結婚したのは、戦争がちょうど終わる頃で、とても大変な時でした。「**結婚したとき、十分なことをしてあげられなくて申し訳なかった。そう言っておいてくれ**」と、母を通して言ってきました。

そして、祖母は、「**マサユキがよ、マサユキがよ**」と自分の息子の名前をしきりに言ったのです。マサユキというのは、祖母の末の息子、父にとっては一番下の弟、私には叔父に当たる人です。この叔父は薬剤師だったのですが、若い頃、恋愛をしたけれどもうまくいかなくて、薬を飲んで自殺していたのです。

霊界というのは不思議な所です。下の層から上の層は見えないのです。でも、上の層からは下の層が見えるようなのです。自殺した人は最下層にいるのです。ですから、祖母からは息子が地獄で苦しんでいるのが見えるというのです。それで「**マサユキを何とか助けてやってくれ。何とかしてあげてくれ**」と頼んできたのです。

霊界の祖母には、地上の私たちが家庭連合につながることで、霊界に大きな恩恵が行くことが分かっていたので、そのように頼んできたのだと思います。

祝福は天国への唯一の切符

家庭連合の祝福結婚には、人間始祖アダムとエバから始まった過ち（原罪）を清算するという意味があります。その道を開いてくださったのが、文鮮明《ムンソンミョン》・韓鶴子《ハンハクチャ》ご夫妻です。

一九九〇年頃、教会のリーダー三十人ほどで訪韓し、ご夫妻にお目にかかる機会がありました。

一行の中に女性が十人いたのですが、そのうちの五人はその時、まだ祝福を受けていませんでした。そのことを聞かれた文鮮明先生は、私たち男性陣に向かって、「なぜ祝福を受けていないのだ！　こんなに苦労しているのに、なぜ助けてやらないのか」と、男性リーダーを激しくお叱りになったのです。そのお姿が強烈に印象に残っています。

そして文鮮明先生は、まだ祝福を受けていない五人の女性に向かって、次のように語られたのです。

「先生（文鮮明先生自身のこと）の一生は、苦労で始まって、苦労で終わるんだよ。だからおまえたちは、先生に出会って苦労するんだね。でも、先生がその苦労に報いてあげられる道が一つだけあるんだ。それが祝福なんだよ」

さらに、こう言われたのです。

「祝福を受けて苦労しすぎて、恨みを持つ人がいるかもしれない。でも、恨んでいたとしても、霊界に行った瞬間、感謝に変わるよ。地上でどんなにために生きたとしても、祝福を受けていなかったら、霊界に行った瞬間、愛の減少感の極致を感じるようになる。だから、どんなことがあっても、祝福を受けるんだよ」

祝福の素晴らしさ、偉大さを痛感させられた言葉でした。このときの文鮮明先生のお姿と言葉の印象がとても強烈だったので、私はそれから祝福を最も重要視するようにしました。

私は担当する教会で、毎月、一泊二日のセミナーを行ってきました。セミナーでは「統一原理」の講義をし、真の父母様（文鮮明・韓鶴子ご夫妻）の証《あか》しをし、祝福（結婚）を紹介するところまで話します。それを三十数年続けています。

婦人の皆さんには「ご主人を連れてきてください」、青年たちには「親を連れてきてください」と、家族をセミナーに参加させることを奨励しています。天国は一人では行くことができません。夫婦で、家族で行く所なのです。祝福を受けることを紹介することに力を注ぐようにしてきたのです。

宗教の目的は「真の父母」を迎えること

姉が家庭連合の信仰を持ったとき、神道の信仰を持っていた家族はもちろん、親戚中が反対しました。姉が家庭連合で献身的に歩むようになった後に、母方の祖母が亡くなったのですが、その時、姉は葬儀のために戻って来なかったのです。そんなこともあって、親戚も私も、家庭連合を「とんでもないところだ」と思っていたのです。

ところが、そんな私が七年後に導かれ、献身的に歩むようになりました。そして、妻と母も家庭連合を受け入れたのでした。

私は家族や親族の援助を受けて大学に行かせてもらいました。卒業後、就職して七年から十年ほどかけて、いろいろなことを学ばせてもらい、必要な資格を取って、実家が経営する会社に入ることを約束していたのです。

ところが、その約束を反故《ほご》にすることになってしまいました。そのため、「父と兄夫婦」と、「母と姉と私たち夫婦」という構図で対立するようになってしまいました。父や兄夫婦は、家庭連合に対して不信感を持っていたのですが、母は、姉と私たち夫婦が家庭連合の信仰を持っていることを受け入れてくれていたのです。

私たち一家は父の交通事故以後、日常的に、〝神様〟や先祖からのメッセージを、母を通して受けていました。家（神道の教会）でお勤めをしているときだけでなく、神社仏閣に行ったときにも、墓参りに行ったときにも、母を通して先祖が伝えてきました。

随分後になって知ったのですが、母と兄夫婦で墓参りに行ったときに、母に先祖の霊が入ったことがありました。そのとき、「**あの子らのおかげで、どんどん明るい所に出してもらっている**」と言ったのだそうです。「あの子ら」というのは、姉と私のことなのです。毎日家の教会でお勤めし、先祖供養を熱心にしていた兄夫婦ではなく、家庭連合で神様のみ旨に没頭して、家に帰れず墓参りもままならなかった姉や私のおかげだというのです。おまけに、「**あの子らの子供を、何とか助けてやってくれ**」とも言ったそうです。

兄夫婦も熱心に信仰し、先祖供養もしているのに、家庭連合で歩んでいる姉や私のおかげで、霊界で明るい所、高い所に行かせてもらっているというのです。

すべての宗教の目的は、「真の父母」を迎えることにあります。「真の父母」というのは、人間始祖アダムとエバが堕落して失ってしまったすべてのものを復帰し、神様の創造理想を実現させる方です。

家庭連合は、真の父母様を中心に、神様の創造理想の実現を目指しているため、他の宗教とは比較にならない価値を持っていることを、この先祖の言葉は端的に示していると言えるでしょう。

「祝福を受けさせてもらえ」

一九九一年十月十六日、父が六十三歳で亡くなりました。三十一歳のときに交通事故に遭って瀕死《ひんし》の重傷を負った父は、〝神様〟の言葉どおり、自分のことは自分でできるまでに快復したものの、顔にひどい傷が残り、後遺症に苦しみながら生涯を送りました。そんな父に一度、原理講義をしたことはありましたが、十分に孝行できないまま、霊界に送ってしまったことが心残りでした。

そのときは父は祝福を受けていませんでしたから、昇華《スンファ》式（聖和《ソンファ》式、祝福を受けた人を霊界へ送り出す儀式、一般的には告別式）はできないものの、家族と相談して「せめて教会葬（家庭連合の教会式の葬儀）で送ろう」と決めました。そして、自宅で、朝七時から教会葬を、その後、仏式で葬儀を執り行ったのです。

葬儀には近所の世話好きな婦人たちが手伝いに来てくれたのですが、そこは大阪のおばちゃんですから口も達者で、「神道の教会で他の宗教（家庭連合）の葬式をするなんて……」と、辺り構わず声高に言う人もいました。

ところが、そのおばちゃんの一人が、葬儀の後で、私の祈祷が始まった時に霊界を見たと証言したのです。「たくさんの子供の天女が降りてきて、お父さんを抱きかかえて舞い上がっていった。ものすごく高い所に行ったような気がする。あんなの、初めて見た」と、興奮して言っていました。

翌一九九二年の八月十三日、父の初盆に、父が霊界から出てきて母に入りました。その時の父の言葉が、「**死んだらわかるけど、それでは遅い**」でした。そして、「**あの子らの言ってることは本当や。だから、できるなら祝福を受けさせてもらえ。天地の違いがある**」と兄夫婦に言ったのです。

普通の人はそういう霊的現象を簡単には信じないでしょうが、兄夫婦はそれまでも日常的に見てきたことでしたから、信じざるを得ませんでした。しかも、家庭連合に批判的だった父が兄夫婦に言ってきたのですから。

これを境に、兄夫婦はがらっと変わりました。それからわずか二週間足らず後の八月二十五日に、韓国で行われた三万双の祝福結婚式に参加したのです。

入院中の義父を祝福に導く

一九九五年、三十六万双の祝福結婚式（八月二十五日）を間近に控えた頃、私は、がんで入院していた義父（妻の父）を見舞いに行きました。母と兄も一緒に来てくれました。私は義父の体調を見ながら、祝福の話を切り出しました。義父は三万双祝福式のときのマスコミ報道の影響を受けていましたから、なかなか「うん」と言いませんでした。当時、祝福結婚式について、とても批判的で一方的な報道がなされていました。

私は義父に、「私たちが家庭連合に入る前と後では、どちらが良くなりましたか？」と聞きました。私たち夫婦は、祝福を証《あか》しするために変わろうと努力していたので、以前よりは良くなっているという自負がありましたから、自信を持って尋ねたのです。

案の定、義父はグッと言葉に詰まりました。しかし、消極的な姿勢は崩さず、「じゃあ、退院してからにしよう」と言いました。私は、義父が私たちのことを「以前よりも良くなった」と感じてくれていたことに力を得て、「退院してからでは遅いです。今からどうですか？」

と祝福を受けることを勧めました。そばにいた母や兄も、亡くなった父が初盆に霊界から出てきて、「**死んだらわかるけど、それでは遅い**」と言ったことを義父に伝えて、後押ししてくれました。

義父は無宗教で霊界を信じない人でしたが、義理人情に厚い人でした。それで、母や兄がいる手前、むげにすることもできず、「分かった」と承諾してくれたのです。

私はすぐさま病室で義父の写真を撮りました。付き添っていた義母には、前もって祝福の話をして納得してもらっていたので、義母はその写真を持って、三十六万双祝福結婚式に参加するために韓国に行ったのです。

「清平《チョンピョン》っていい所だぞ」

義父は、その翌年に亡くなりました。私たち夫婦は、すぐに帰歓式《クィファン》（一般的には通夜）と昇華式《スンファ》（一般的には告別式。現在は聖和式《ソンファ》）をするつもりで、妻の実家に駆けつけました。義父母は祝福を受けているので、昇華式をしたいと思っていました。しかし、実家に着くと、妻の二人の弟の嫁たちが、「家庭連合のことは内緒にしてください」と言ってきたのです。「どうして？」と聞くと、「親戚も近所の人もたくさん集まるのに、世間体が悪いから」と答えるのでした。

あまりにも強硬に言ってくるので、仕方なく、先に略式で帰歓式と昇華式を行い、その後で、仏式で葬儀を執り行いました。式の時に私が祈祷を捧げたら、待っていたかのように義父が母を通して出てきて、「**祈ってもらって楽になった**」と言ってきました。私は、義父に祝福を受けてもらったにもかかわらず、原理講義の一つもしてあげていないことが気になっていました。そこで、霊前で原理講義をすることにしたのです。

親戚の多くは、その夜は泊まって、飲みながら朝まで語り明かすつもりのようでした。私は夜中の二時に、親戚の人たちがいる中で小さなホワイトボードを持ち出し、義父に向かって二時間、原理講義をしました。義母とその長男（妻の弟）にも一緒に聞いてもらいました。

私は最後に、義父に「霊界で祝福を受けたかと聞かれたら、『昨年八月に三十六万双で受けました』と答えてください」と伝えました。

そばで酒を飲みながら講義を聞いていた親戚の人たちは、「あんたの話、よく分かったよ」

と言ってくれました。私を信頼できると思ったのか、「あんたに任せる」と言ってくれた人もいました。

葬儀の翌日に、私は韓国・ソウルの近郊の清平《チョンピョン》（現・HJ天宙天寶《てんぽう》修錬苑）に行くことになっていました。清平は家庭連合の聖地で、悪霊の分立や先祖解怨（正しい先祖供養）、先祖祝福などを行っている所です。葬儀が終わったばかりでしたが、「お義父さん、私と一緒に行きましょう」と霊界の義父を誘って、清平に連れて行ったのです。

義父母が祝福を受けたときの感謝献金は私たち夫婦が代わりに捧げていたのですが、私は妻に、「お義母さんに感謝献金の話をしておいて。お金がないならいいけれど、あるなら自分で捧げたほうがいいから」と伝えて韓国に渡りました。

帰国すると、驚いたことに、感謝献金が準備されていました。妻に「これ、どうしたの？」と聞くと、妻が「不思議なことがあったんや」と言って、次のような話をしてくれました。

義母の夢に義父が出てきて、「**清平って、いい所だぞ**」と言ったというのです。そして、「**感謝献金を捧げているのか？**」と聞いてきたそうです。

義父が言うには、霊界で祝福を受けたかと聞かれたので、私が教えたように「受けた」

と答えたそうです。そうしたら、今度は「感謝献金を捧げたか」と聞かれたのだそうです。私はそこまでは教えていなかったので、義父は「知らない」と答えたそうです。すると、「聞いてきなさい」と言われたので、義母の夢の中に出てきて、聞いたのだというのです。

そのような経緯で、義母が感謝献金を捧げたのでした。

義父の四十九日が終わってから、義母を清平に連れて行きました。清平では小高い山を登りながら祈祷を捧げるのですが、その一番高い「祝福の樹」の所まで登って眼下の湖（天心湖《チョンシム》）を見下ろした瞬間、義母は驚いて、「ここだ、夢にお父さんが出てきたのは！」と叫びました。

天の祝福を周辺に

一九九七年夏のことです。その頃、聖酒を持ちながら象徴的に祝福を受けてもらう伝道をしていましたが、一日だけ休みを取って大阪の実家に帰ったことがありました。そのとき、母と兄夫婦、私の家族を連れて高野山（和歌山県）に行くことになったのです。私の家では小さい頃から旅行らしい旅行をしたことがありませんでした。遠出といえば、いつもお参りに行くのです。

高野山には立里荒神社《たてりこうじんじゃ》という奥社があります。それは、標高一二六〇メートルの荒神岳《こうじんだけ》（奈良県）の頂上にあります。そこに着いて社殿で手を合わせた瞬間、立里荒神の霊が母に降りてきたのです。

立里荒神は、「**『家庭盟誓《カヂョンメンセ》』の六番をここでやってください**」と言ってきました。「家庭盟誓」というのは、家庭連合の会員が唱和しているもので、その六番というのは、「天の祝福を周辺に連結させる家庭を完成することをお誓い致します」というものです。立里荒神は、その場で参拝客たちを祝福してくれと言ったのです。

私が躊躇《ちゅうちょ》していると、「**あなたたちは、何のために毎日『家庭盟誓』を唱えているのか。それをするためでしょう**」と迫ってきたのです。

そこまで言われたら、やるしかありません。私が「時間がないので、二時間しかできませんよ」と言うと、立里荒神は「**二時間でいい。私も手伝うから**」と答えるのです。私は観念して、車に置いてきた聖酒を取りに駐車場まで下りて行きました。二十分で駆け下りて、三十分で登って、境内に戻ったのです。

そうして、さほど広くない境内で祝福式を始めました。その時は来る人来る人、夫婦連れで、しかも一組ずつ、五分ごとに間を置いて登ってくるという不思議な現象が起きました。まるで誰かが交通整理でもしているかのようでした。

参拝客が登ってくると、母に入った立里荒神が私に「**行きなさい**」と指示します。私は参拝客のそばに行って、このように伝えます。

「今、立里荒神さんが降りてきて、もう一度、結婚のやり直しをするようにとおっしゃっています」

当然、相手は驚きますが、私は構わず、「不倫しない、離婚しないと誓えますか？　そして、お互いに『ために生きる』愛の家庭を築くことを誓いますか？」と聞くのです。相手は「えーっ!?」と言いながらも、拒否しませんでした。

そこで私は、「はい、並んで」と言って並ばせて、奥さんのほうに「これを半分飲んでください」と言いながら聖酒を渡します。次に二人を向かい合わせて、ご主人に残りを飲んでもらうのです。そして、目を閉じてもらって、私が祝祷します。それが終わると、私の子供が写真を撮り、紙に名前と住所を書いてもらうのです。皆、呆気《あっけ》にとられていましたが、拒否する人はいませんでした。

その中の一組は、私の兄嫁の友人でした。「何をしているの？」と聞かれたので、祝福の簡単な説明をしました。「いいことをしているのね」と喜んで受けてくれました。

その日は、二十組の夫婦と、最後に一人で参拝に来た人を加えて、合計二十一組に聖酒を飲んでもらいました。正に、霊界と地上界とが共に行った祝福式でした。

このように、〝神様〟から「家庭盟誓」の実践を促されたことを通して、「霊界は常に私たちの言葉を聞き、行動を見ている」ということを思い知らされました。善霊も悪霊も、神様もサタンも、私たちの言葉を聞き、私たちの行動を見ているのです。

「あの子らのおかげで高い霊界へ」

「死んだらわかるけど、それでは遅い！」。これは、亡くなった父が霊界から伝えてきたメッセージです。

父は、私が五歳の時に交通事故に遭い、瀕死の重傷を負いました。霊界の助けによって奇跡的に命を取り留め、日常生活を送れるようになったものの、完治には至りませんでした。顔には至るところに縫った痕が残り、さながら〝フランケンシュタイン〟のようでした。そんな父を私は恥ずかしく思い、小学生の頃は友達に会わせるのを避けていました。今思えば、本当に申し訳ないことでした。

その父は一九九一年十月十六日、六十三歳で亡くなりました。葬儀のときに掲げる父の遺影は若い頃のものでした。「最近のはないの？」と母に聞くと、「事故に遭ってからは写真を撮ったことがない」とのことでした。母が言うには、本人がいちばん、顔のことを気にしていたというのです。

誰でも、毎朝、洗面の時には鏡で自分の顔を見るでしょう。父も、三十一歳の働き盛りのときに事故に遭って以来、三十数年間、その至るところが縫い合わされた顔を見続けてきたのです。つらかっただろうと思います。

父は整形手術も考えたことがあるのです。手術の日取りまで決まっていたのですが、その前日に、父を交通事故に遭わせた恨みの霊が母に入りました。その霊は母の口を通してこう言ったのです。

「(整形手術を)**やるんなら、やってみろ。長男**(私の兄)**を同じ目に遭わせるぞ!**」

それを聞いた父は、兄に相談したようです。兄は、「俺のことは気にしなくていいから、手術を受けたらいいよ」と勧めたそうですが、結局、父は、兄に災いが及ぶのを恐れて、手術を断念したのです。

父が交通事故に遭ったものの、奇跡的に助かったこと、退院するときに、「**保険金で入院費を支払ってはいけない。それでは霊界を整理できない**」と〝神様〟から指導されたことは、すでに紹介しました。

そこから推察すると、父を交通事故に遭わせたのは、わが家の先祖がお金の問題で罪を犯したときの被害者だったと思われます。その恨みを晴らすために、子孫である父が多大な犠牲を払ったわけです。でも、それだけでは足りなかったようです。父が整形手術をして少しでも楽になることを、許してくれなかったのです。「やったほうは忘れても、やられたほうは忘れない」ということでしょう。

罪を犯した本人が償うのが当たり前なのですが、霊界に行ってからでは遅いのです。霊界では償えないのです。地上で犯した罪は、地上で償わなければいけないのです。本人ができなければ、子供が、子孫が背負うようになっているのです。

父が亡くなる前日、私は家に寄って父と話をしました。その後、北海道に行く予定があったのですが、父は私に「戻ってきたら、風呂で背中を流してくれ」と言いました。私は「分かった」と答えて、北海道に向かいましたが、結局、それが地上での最後の会話となりました。

父は事故以来、医者と縁が切れず、薬を手放せない生活を余儀なくされました。外的に見れば、幸せとは言えない一生だったと思います。父が北谷家のすべての罪を背負ってくれたということを痛切に感じます。

生きているときには何もしてあげられませんでしたが、父は霊界に行った後、「**あの子ら**（家庭連合に入った姉と私のこと）**のおかげで、高い霊界に行くことができた**」という意味のメッセージを送ってきました。この言葉を通して、家庭連合で信仰を持って歩んでいることが、どれほど親孝行になるかということを改めて知らされました。

⑥「死んだらわかるけど、それでは遅い」

出雲の神々と共に清平《チョンピョン》修錬会に

一九九六年、姉夫婦が家庭連合の聖地、韓国の清平に母を連れて行きました。清平では悪霊の分立が行われていました。聖歌を讃美しながら自分の手で体を叩《たた》いたり、参加者同士で背中を叩いたりして悪霊を追い出すのです。これを霊分立の役事《やくじ》と言います。ところが、母はこれを見て、つまずいてしまったのです。

「こんなことで、霊の整理ができるはずがない」

母は、自分の教会の信者さんたちの霊を整理するために、毎日、夜中までお加持《かじ》をしながら苦労していましたから、清平の役事がとても簡単に見えたのだと思います。その歴史的な背景や背後に込められた精誠については、何も知りませんでしたから。

「もういいから、帰ろう」と言う母を、姉夫婦が引きとめ、終わりまで役事に参加するよう説得しました。それで母は思い直して続けることになりました。

その母が清平の祈祷室に入った途端、母に須佐之男大神《すさのおのおおがみ》が入ったのです。須佐之男大神は、昔、朝鮮半島から追われて日本に来た人と言われています。韓国に対して恨みがあったので、それを晴らすために朝鮮半島を攻め、統治するようにまでなったというのです。

須佐之男大神は母に入って、「許せー、許せー、許せー」と言いながら出てきました。須佐之男大神は、清平の役事を受けて、「恨みに恨みで返してはいけない。許さなければならない」ということが分かったのだと思います。それで、「許せー」という言葉で、その気持ちを伝えてきたのだと思うのです。

その後、須佐之男大神は、役事を受けてからすぐに霊界の百日修錬会に参加しました。須佐之男大神はその修錬会で、神様の本当の願い、真の父母様(文鮮明《ムンソンミョン》・韓鶴子《ハンハクチャ》ご夫妻)の偉大さ、そして清平役事の背景や苦労などを知り、様々な疑問がすべて解かれたようでした。

その年の十一月、講演会のために島根県の出雲に行きました。その時は母も一緒だったので講演会が終わった後、共に出雲大社にお参りに行ったのですが、その時、出雲の祭神の中心である大国主命《おおくにぬしのみこと》が母に入ったのです。

私は大国主命に尋ねました。「今、歴史がどのように動いていて、霊界がどのようになっているか、知っていますか。天の神様が何を願っておられるのか、知っていますか?」

すると大国主命は母の口を通して、「**実はこの間、会議があって、須佐之男大神さんが来られた。その時に少し話してくれたのだが、すべてを聞いてはいないから、よく分からない**」と答えたのです。

日本では、陰暦十月（陽暦では十一月前後）を「神無月《かんなづき》」とも言います。それは毎年その頃に、出雲大社に全国の神様が集まって一年のことを話し合うので、他の地では神様がいなくなるということに由来しています。出雲では逆に、この月を「神有月《かみありづき》」と言います。

私は大国主命の言葉から、年に一回、国中の神様が集まって会議をするというのは、伝説ではなく本当だったのだと、この時知りました。

私はちょうど、その年の十二月に清平で四十日の修錬会に参加することになっていました。そこで大国主命に、「あなたたちを一緒に清平に連れて行ってあげます」と伝えました。そうして私は、大国主命をはじめとする出雲の神々と共に清平に行ったのです。

その修錬会中、なぜか頻繁に会う日本の韓国人牧会者の夫婦がいました。縁を感じて、「どこから来たのですか?」と尋ねると、「出雲からです」と言うではありませんか。出雲の神々が引き合わせたのだと思いました。

当時、私は北海道を拠点に全国的に活動していたのですが、修錬会が終わって程なくして、出雲のある中四国地方の担当になりました。これにも不思議な縁を感じざるを得ませんでした。

四十四年ぶりに謝罪した悪霊人

私の家族は、一年に二回、正月とお盆に、本山である岡山の木山《きやま》神社にお参りに行くのが習慣でした。姉と私が家庭連合で献身的に歩むようになってからも、母と兄夫婦は、変わらずにお参りを続けていました。

一九九一年に父が六十三歳で亡くなりました。その十三回忌を迎える二〇〇三年の正月、いつものように母と兄夫婦で岡山にお参りに行ったのですが、帰ってきた直後、兄に異変が起きました。普通ならどうということもない、母と兄嫁のたわいない会話に異常に反応し、激しく怒り出してしまったのです。

それは、霊界に操られた結果でした。その操っている霊人は、北谷家の先祖によって被害を受け、その報復として父を交通事故に遭わせた悪霊人でした。

その悪霊人は、母が人助けをしながら善の条件を立てることによって善霊が働いて、それまで木山神社に封じ込められていました。そこで説得を受け、修行を積んでいた悪霊人は、悪なる業ができないでいたのです。地上でも、罪を犯した人を刑務所に入れて更正するよう教育しますが、それと同じです。

父の事故は一九五九年ですから、もうその年で四十四年になります。その悪霊人は、父を交通事故で一思いに殺したかったと思うのですが、父は一命を取り留め、その後三十数年を生きました。それを見てきた悪霊人は、謝るために、母と兄夫婦が岡山にお参りに行った際に兄に付いてきたのだと思われます。

その悪霊人は、兄をガーッと怒らせた後、母に入りました。そして母を通して、「**今やった**（兄を怒らせた）**のは私だ。人間は簡単に操れる**」と言いました。その後、父の事故について、「**やり過ぎた。すまなかった**」と謝罪しました。

そこで兄が悪霊人に、「今、霊界がどのようになっているか知っていますか？　すべての霊界が清平《チョンピョン》で、神様を中心として再出発する時が来ているのですよ」と伝え、「清平に

「連れて行ってあげますよ」と言いました。すると悪霊人は喜んで、**「連れて行ってください」**と答えたのです。

人間は堕落以来、サタン、悪霊に支配され続けてきました。悪霊は、夫婦げんかや親子げんかを起こさせ、近所とのトラブルを引き起こし、人間関係をことごとく壊してきます。かっとなるのは、悪霊に操られているからです。自分で思いもしないような暴言を吐いたり、暴力的な行動に出たりするのは、悪霊のなせる業なのです。

自分の心をいかに主管するか、霊に操られない自分になるにはどうしたらよいか――。それは人間の力だけでは難しいでしょう。私の心に神様をお迎えし、神様と共にある生活をすることによって、初めて可能になるのです。

「死んだらわかるけど、それでは遅い」

この年の十月、父の十三回忌の法要を行いました。一周忌、三回忌、七回忌はお坊さんを招いて、仏教の法要を行ったのですが、十三回忌では、家庭連合の追慕式をすることに決めました。

母や兄夫婦も了解してくれたので、私は姉と相談しながら、式次第を練りました。他の追慕式の式次第と決定的に違っていたのは、供養される本人である「父」の挨拶を入れたことです。

当日は、父方、母方のおじ、おば、いとこなど、五、六家庭が集ってくれました。皆、神妙にお坊さんが来るのを待っていたのですが、頃合いを見計らって母が、「きょうは、お坊さんは来ません。主人（私の父）が霊界から、真雄《さだお》（私のこと）にやってくれと言ってきたので、きょうは家庭連合のやり方で法要を行います」と宣言しました。

司会は姉が担当し、私が主礼を務めました。式次第が進み、私が「これから父が挨拶をします」と言うと、その瞬間、父の霊が母にズバッと入りました。そして父は、母の口を通してこう言ったのです。

「おまえたちな、死んだらわかるけど、それでは遅いぞー。だから今から私の言うことを聞きなさい。今からやる儀式はすべて受けなさい」

私は主礼として二十分ほど、祝福の意義と価値について話をし、その後に聖酒式を行いました。

参列した親戚たちは、家庭連合を受け入れてはいませんでしたが、母には心情的に屈伏していました。母が無償で人助けをしてきたことをよく知っていましたし、誰もが多かれ少なかれ、母の世話になっていたからです。ですから、母の口を通して語られる「**今からやる儀式はすべて受けなさい**」という父の言葉に、皆黙って従いました。

一人一人に献花と焼香をしてもらいました。父方の叔父（父の兄弟の中でただ一人生きていた父の弟）が焼香をした時のことです。父とその叔父の父、つまり私の祖父が霊界から出てきて、母に入りました。そして叔父に向かって、「**この家族**（正しい先祖供養）**に礼を言いなさい。皆が救われたから、礼を言ってくれ**」と伝えてきたのです。

私たちは家族で力を合わせて、清平での先祖解怨（正しい先祖供養）、先祖祝福（先祖に祝福を受けてもらう）などを進めていたのです。そのことによって、先祖たちは霊界で救われたのです。

この父の追慕式を通して、私たちには、氏族の祭祀をする役割があり、冠婚葬祭を司《つかさど》るのが天の願いであり、先祖の願いなのだということが、はっきりと分かりました。

真《まこと》の愛を実践する者に

これまで私の体験したことを振り返ってみると、いつも霊界に導かれてきた、守られてきたことを実感します。母親を通して、亡くなった父親が「家庭連合の祝福を受けなさい」と言ってくれましたし、先祖が私たちを証《あか》してくれました。霊界の働き、協助をいつも感じます。

一つの家庭に信仰が根づくためには、最初に信仰の道に入った人が重要であるということを痛感します。その人が立てた精誠によって、家族が生かされるのです。

私の家庭の場合は、母でした。母は、夜八時から夜中の一時、二時まで、毎日、信者さんの悩みを解決するためにお加持をしてきました。自分の時間など一切ありませんでした。それをもう五十年もしているのです。これは天が覚える精誠だったと思います。

そして、「蕩減《とうげん》」という面では、父です。蕩減というのは、先祖の罪を償うために、苦労や苦難など感謝できないことを感謝することです。父は交通事故に遭い、奇跡的に生還したものの、その後遺症に生涯苦しみました。

先祖の罪は地上で犯したことですから、地上で誰かが、その何分の一かでも償わなければならないというのが原則です。先祖の犯した罪を地上で清算するために、父は家系を代表してすべてを受けていってくれたと思うのです。

また、父の交通事故は、母にとっても大変なことだったでしょう。でも、母はそれに対して不平や愚痴をこぼすことなく、むしろそれを機会に、神様への恩返しのためにと、人々に尽くしていったのです。

この父と母のおかげで、わが家では、まず姉が家庭連合に出合い、その七年後に私が導かれました。そして母、兄夫婦というように導かれ、家族みんなが祝福を受けることができたのです。さらには、家族だけでなく、霊界の先祖も祝福を受け、高い所に引き上げられているのです。本当に感謝します。

私たちの周りの環境圏には様々なことがあります。時には、どうしてこんなことが起きるのか、などと思わざるを得ないことがあるかもしれません。しかし、そういうときにこそ、むしろ感謝していくべきなのです。

家庭連合では、怨讐《おんしゅう》をも愛する「真の愛」を実践することを教えています。愛せない者を愛する、許しがたい者を許す、自らを捧げて愛していく――。神様がそのような方であり、真の父母様がそのような方なのです。私たちが真の愛を実践するとき、神様の守りと導きがあり、霊界も惜しみなく協助してくれます。神様が共にあり、先祖が共にあることを忘れないでいただきたいと思います。

あとがき

私たちの身の回りには様々なことが起きてきます。例えば、家庭において、夫婦が一つになれない、嫁姑《しゅうとめ》が一つになれない、親子が一つになれない、兄弟が一つになれないなど――。そこには現実的な原因だけでなく、霊的な原因があります。過去において先祖が越えられなかった問題が、同じように起こってくるのです。

私の母の教会（神道）では、悪いことが起きると、「祓《はら》いたまえ、清めたまえ」といって、背後の霊を整理していました。しかし、霊的な力によって一時的には解決できるのですが、また同じようなことが起きてきて、根本的な解決はできませんでした。それは背後の霊が、本当の意味では救われていないからです。

それで根本的な救いを求める宗教においては、救い主を求めてきました。それがキリスト教でいうメシヤ、キリストです。

人間始祖アダムとエバの堕落によって、罪悪の歴史が始まり、この世界は罪悪に満ちた世界になってしまいました。神様はアダムとエバによって成し遂げようとされた、人類一家族の理想を実現するために、メシヤを送られたのです。それがイエス様でした。しかし、イエス様は神様の願いを完全には成就することができずに、再臨することを約束されたのです。

文鮮明《ムンソンミョン》先生は十六歳（数え）のときに、霊的にイエス様と出会い、神様の願いを実現するという特別な使命を託されました。そして、解明された真理を体系化されたのが、家庭連合の教えである「統一原理」です。

「統一原理」では、過去の過ち、罪を清算するためには条件（蕩減《とうげん》条件といいます）を立てることが必要であり、それよって清算されると説いています。これが「蕩減復帰」であり、救いの原理です。

その「蕩減復帰」の道を行かれたのがイエス様です。イエス様は罪人のために自らを供え物にして捧げ、罪人をとりなしてくださいました。そして、イエス様から使命を託された文鮮明先生も、ご自身を犠牲にし、愛する者を犠牲にして、真の愛でとりなしてくださいました。自分の命までも投げ出して、愛する者を犠牲にしてまでも……。罪のない方が、罪のある者のために打たれながらも、真の愛でとりなしてくださったのです。

そして、韓鶴子《ハンハクチャ》女史と聖婚され、人類始祖アダムとエバが失ってしまった、「真《まこと》の父母」の立場に立たれ、神様を中心とした結婚、祝福（結婚）によって、罪を清算する道を開いてくださいました。結局、宗教の目的、歴史の目的は「真の父母」を迎えることであったのであり、真の父母による祝福によって根本的に救われるのです。

真の父母様（文鮮明・韓鶴子ご夫妻）によって罪の根本的な清算の道が開かれましたが、私たちも過去の過ち、罪を清算するためには、真の父母様と同じように歩むことが必要です。過去において先祖が罪を犯したとすれば、それは地上生活で起きたことですから、地上生活をしている私たちが償わなければなりません。

現実生活において、様々な問題が起きてきます。時には身に覚えがないにもかかわらず、理不尽な扱いを受けることもあります。そんなときには、先祖の犯した罪を清算するために問題が起きていると捉えて、「神様、私が足りないので、このようなことが起きています。先祖の犯した罪を赦《ゆる》してください」と、とりなすのです。

先祖が罪を犯したときと同じような状況が起きてきます。それは罪を清算するためなのです。怒りが込み上げてきたら、悔い改めて謝るのです。そして、神様だけでなく、霊界に対しても謝ります。私に恨みを持つ、その人にも謝ります。そして、とりなすのです。私の身の回りに起きること、たとえそれが私にとって悪いものとしか思えないようなものであっても、それを善いものとして捉え、感謝して、神様にとりなしていくのです。

すべてのことは私が真の愛を完成するためにあるのです。真の愛を実践して、神様に似た者に、真の父母様に似た者になるのです。そして、真の家庭を築き、神様のもとの人類一家族世界を築くのです。それが神様の願いであり、家庭連合の目指すものです。

私は神様に愛され、導かれて、家庭連合の信仰を持つようになりました。そして、家族、親族で真の父母様の祝福を受けさせていただきました。さらには先祖解怨（正しい先祖供養）や先祖祝福によって、霊界の先祖も救いを受けているのです。ここに根本的な救いがあることを実感し、感謝しています。

本書においては、その内容や意義について、あまり説明することはできませんでしたが、さらに詳しい内容を知っていただきたいと思います。

著者紹介

北谷真雄（きたたに さだお）

1954年、大阪生まれ。神道の教会（自宅）で育つ。
1976年、名城大学理工学部卒業。
1983年、世界平和統一家庭連合に入教。以後、教会の責任者を歴任。
2008年、鮮文大学大学院神学科卒業。
幼少期から霊界を身近に体験し、その内容を交えた講話や講義を行っている。
５男２女の父親（1988年既成祝福）。

死んだらわかるけど、それでは遅い

2017年12月20日　初版発行
2023年３月17日　初版第６刷発行

著　者　北谷真雄
発　行　株式会社 光言社
〒150-0042 東京都渋谷区宇田川町37-18
TEL 03（3467）3105
https://www.kogensha.jp
印　刷　株式会社 ユニバーサル企画

ISBN978-4-87656-201-5